온가족
필사성경
WRITING THE BIBLE

제 권

필 사 자 :

시작한 날 : 년 월 일

끝마친 날 : 년 월 일

두돌비

온가족 필사성경

초판16쇄 · 2026년 3월 30일
기 획 · 편집부
펴 낸 이 · 황경자
펴 낸 곳 · 도서출판 두돌비
주 소 · 서울특별시 중랑구 동일로 107길 12
전 화 · (02)964-6993
팩 스 · (02) 2208-0153
등 록 · 2006. 8. 17 제 2006-12호

ISBN 978-89-85583-68-8

필사 성경 체크 기록표

◈다쓴장은 / 표시 하세요
◈하루 3장 주일 5장 쓰면 1독

구약성서

창 세 기	1	2	3	4	5	6	7	8	9	10	11	12	13	14	15	16	17	18	19	20	21	22	23	24	25	26	27	28	29	30	31	32	33	34	35	36	37	38	39	40	41	42	43	44	45	46	47	48	49	50
출애굽기	1	2	3	4	5	6	7	8	9	10	11	12	13	14	15	16	17	18	19	20	21	22	23	24	25	26	27	28	29	30	31	32	33	34	35	36	37	38	39	40										
레 위 기	1	2	3	4	5	6	7	8	9	10	11	12	13	14	15	16	17	18	19	20	21	22	23	24	25	26	27																							
민 수 기	1	2	3	4	5	6	7	8	9	10	11	12	13	14	15	16	17	18	19	20	21	22	23	24	25	26	27	28	29	30	31	32	33	34	35	36														
신 명 기	1	2	3	4	5	6	7	8	9	10	11	12	13	14	15	16	17	18	19	20	21	22	23	24	25	26	27	28	29	30	31	32	33	34																
여호수아	1	2	3	4	5	6	7	8	9	10	11	12	13	14	15	16	17	18	19	20	21	22	23	24																										
사 사 기	1	2	3	4	5	6	7	8	9	10	11	12	13	14	15	16	17	18	19	20	21																													
룻 기	1	2	3	4																																														
사무엘상	1	2	3	4	5	6	7	8	9	10	11	12	13	14	15	16	17	18	19	20	21	22	23	24	25	26	27	28	29	30	31																			
사무엘하	1	2	3	4	5	6	7	8	9	10	11	12	13	14	15	16	17	18	19	20	21	22	23	24																										
열왕기상	1	2	3	4	5	6	7	8	9	10	11	12	13	14	15	16	17	18	19	20	21	22																												
열왕기하	1	2	3	4	5	6	7	8	9	10	11	12	13	14	15	16	17	18	19	20	21	22	23	24	25																									
역 대 상	1	2	3	4	5	6	7	8	9	10	11	12	13	14	15	16	17	18	19	20	21	22	23	24	25	26	27	28	29																					
역 대 하	1	2	3	4	5	6	7	8	9	10	11	12	13	14	15	16	17	18	19	20	21	22	23	24	25	26	27	28	29	30	31	32	33	34	35	36														
에 스 라	1	2	3	4	5	6	7	8	9	10																																								
느헤미야	1	2	3	4	5	6	7	8	9	10	11	12	13																																					
에 스 더	1	2	3	4	5	6	7	8	9	10																																								
욥 기	1	2	3	4	5	6	7	8	9	10	11	12	13	14	15	16	17	18	19	20	21	22	23	24	25	26	27	28	29	30	31	32	33	34	35	36	37	38	39	40	41	42								
시 편	1	2	3	4	5	6	7	8	9	10	11	12	13	14	15	16	17	18	19	20	21	22	23	24	25	26	27	28	29	30	31	32	33	34	35	36	37	38	39	40	41	42	43	44	45	46	47	48	49	50
	51	52	53	54	55	56	57	58	59	60	61	62	63	64	65	66	67	68	69	70	71	72	73	74	75	76	77	78	79	80	81	82	83	84	85	86	87	88	89	90	91	92	93	94	95	96	97	98	99	100
	101	102	103	104	105	106	107	108	109	110	111	112	113	114	115	116	117	118	119	120	121	122	123	124	125	126	127	128	129	130	131	132	133	134	135	136	137	138	139	140	141	142	143	144	145	146	147	148	149	150
잠 언	1	2	3	4	5	6	7	8	9	10	11	12	13	14	15	16	17	18	19	20	21	22	23	24	25	26	27	28	29	30	31																			
전 도 서	1	2	3	4	5	6	7	8	9	10	11	12																																						
아 가	1	2	3	4	5	6	7	8																																										
이 사 야	1	2	3	4	5	6	7	8	9	10	11	12	13	14	15	16	17	18	19	20	21	22	23	24	25	26	27	28	29	30	31	32	33	34	35	36	37	38	39	40	41	42	43	44	45	46	47	48	49	50
	51	52	53	54	55	56	57	58	59	60	61	62	63	64	65	66																																		
예레미야	1	2	3	4	5	6	7	8	9	10	11	12	13	14	15	16	17	18	19	20	21	22	23	24	25	26	27	28	29	30	31	32	33	34	35	36	37	38	39	40	41	42	43	44	45	46	47	48	49	50
	51	52																																																
예레미야애가	1	2	3	4	5																																													
에 스 겔	1	2	3	4	5	6	7	8	9	10	11	12	13	14	15	16	17	18	19	20	21	22	23	24	25	26	27	28	29	30	31	32	33	34	35	36	37	38	39	40	41	42	43	44	45	46	47	48		
다 니 엘	1	2	3	4	5	6	7	8	9	10	11	12																																						
호 세 아	1	2	3	4	5	6	7	8	9	10	11	12	13	14																																				
요 엘	1	2	3																																															
아 모 스	1	2	3	4	5	6	7	8	9																																									
오 바 댜	1																																																	
요 나	1	2	3	4																																														
미 가	1	2	3	4	5	6	7																																											
나 훔	1	2	3																																															
하 바 국	1	2	3																																															
스 바 냐	1	2	3																																															
학 개	1	2																																																
스 가 랴	1	2	3	4	5	6	7	8	9	10	11	12	13	14																																				
말 라 기	1	2	3	4																																														

신약성서

마태복음	1	2	3	4	5	6	7	8	9	10	11	12	13	14	15	16	17	18	19	20	21	22	23	24	25	26	27	28
마가복음	1	2	3	4	5	6	7	8	9	10	11	12	13	14	15	16												
누가복음	1	2	3	4	5	6	7	8	9	10	11	12	13	14	15	16	17	18	19	20	21	22	23	24				
요한복음	1	2	3	4	5	6	7	8	9	10	11	12	13	14	15	16	17	18	19	20	21							
사도행전	1	2	3	4	5	6	7	8	9	10	11	12	13	14	15	16	17	18	19	20	21	22	23	24	25	26	27	28
로 마 서	1	2	3	4	5	6	7	8	9	10	11	12	13	14	15	16												
고린도전서	1	2	3	4	5	6	7	8	9	10	11	12	13	14	15	16												
고린도후서	1	2	3	4	5	6	7	8	9	10	11	12	13															
갈라디아서	1	2	3	4	5	6																						
에베소서	1	2	3	4	5	6																						
빌립보서	1	2	3	4																								
골로새서	1	2	3	4																								
데살로니가전서	1	2	3	4	5																							
데살로니가후서	1	2	3																									
디모데전서	1	2	3	4	5	6																						
디모데후서	1	2	3	4																								
디 도 서	1	2	3																									
빌레몬서	1																											
히브리서	1	2	3	4	5	6	7	8	9	10	11	12	13															
야고보서	1	2	3	4	5																							
베드로전서	1	2	3	4	5																							
베드로후서	1	2	3																									
요한1서	1	2	3	4	5																							
요한2서	1																											
요한3서	1																											
유 다 서	1																											
요한계시록	1	2	3	4	5	6	7	8	9	10	11	12	13	14	15	16	17	18	19	20	21	22						

1. 필사한 만큼 해당되는 장을 색으로 칠하거나 사선(/)으로 표기하세요.
2. 성경은 총 1189장입니다. 하루에 3장, 주일에 5장씩 체크해가시면 1년에 완필하실 수 있습니다.
3. 필사 전에 반드시 기도하고 시작하시기 바랍니다.
4. 그 날 필사한 말씀 중에 마음에 성령의 감동이 온 말씀은 따로 표기하거나 색을 칠하세요.

전도자는 힘써 아름다운 말들을 구하였나니 진리의 말씀들을 정직하게 기록하였느니라 (전 12:10)

하나님의 말씀을 받아쓰게 되면,

1 하나님의 말씀이 나의 심령에 생명의 소리로 들려온다.

2 자신이 얼마나 하나님께 등을 지고 지냈었는가를 깨달아 회개하게 된다.

3 자기를 부인하고, 자아를 거절하며 성령님의 인도하심에 자신을 맡기게 된다.

4 하나님의 말씀을 눈동자로 옮기는 '도리도리'가 아니고, 이 말씀을 읊조리며 받아 쓸 때, 말씀의 진리가 나의 몸에 익혀지게 된다.

5 생각만으로 말씀을 대하던 것이 말씀의 의미가 가슴을 적셔주는 것을 경험한다.

6 나의 심령에서 말씀이 즐거워지고, 달게 느껴져 암송을 하게 되고, 성령님의 인도를 바라게 된다.

7 하나님의 말씀으로 자신의 마음과 생각, 말씨가 바뀌고, 인격이 다듬어지게 된다.

"하나님의 말씀은 살아 있고 활력이 있어 좌우에 날 선 어떤 검보다도 예리하여 혼과 영과 및 관절과 골수를 찔러 쪼개기까지 하며 또 마음의 생각과 뜻을 판단하나니"(히4:12)

창세기

2026 년 1월 1일　　　1 장 1절 ~ 1장 12절

필사성경 예문(새로운 장이 시작되는 곳은 장을 크게 쓰세요)

1 **1** 태초에 하나님이 천지를 창조하시니라
2 땅이 혼돈하고 공허하며 흑암이 깊음 위에 있고 하나님의 영은
수면 위에 운행하시니라
3 하나님이 이르시되 빛이 있으라 하시니 빛이 있었고
4 빛이 하나님이 보시기에 좋았더라 하나님이 빛과 어둠을 나누사
5 하나님이 빛을 낮이라 부르시고 어둠을 밤이라 부르시니라 저녁이 되
고 아침이 되니 이는 첫째 날이니라
6 하나님이 이르시되 물 가운데에 궁창이 있어 물과 물로 나뉘라 하시고
7 하나님이 궁창을 만드사 궁창 아래의 물과 궁창 위의 물로 나뉘게 하
시니 그대로 되니라
8 하나님이 궁창을 하늘이라 부르시니라 저녁이 되고 아침이 되니 아침
이 되니 이는 둘째 날이니라
9 하나님이 이르시되 천하의 물이 한 곳으로 모이고 뭍이 드러나라 하
시니 그대로 되니라
10 하나님이 뭍을 땅이라 부르시고 모인 물을 바다라 부르시니 하나님이
보 시기에 좋았더라
11 하나님이 이르시되 땅은 풀과 씨 맺는 채소와 각기 종류대로 씨 가진
열매 맺는 나무를 내라 하시니 그대로 되어
12 땅이 풀과 각기 종류대로 씨 맺는 채소와 각기 종류대로 씨 가진 열
매 맺는 나무를 내니 하나님이 보시기에 좋았더라

NO ____________

◈ 평일에 3장, 주일에 5장 쓰면 1년에 완필

년　　월　　일　　　　　　　　장　　절 ~　　장　　절

NO ________________

◈ 평일에 3장, 주일에 5장 쓰면 1년에 완필

년 월 일 장 절 ~ 장 절

NO ____________

◈ 평일에 3장, 주일에 5장 쓰면 1년에 완필

년 월 일

장 절 ~ 장 절

NO ____________

◈ 평일에 3장, 주일에 5장 쓰면 1년에 완필

년 월 일

장 절 ~ 장 절

NO ______________

◈ 평일에 3장, 주일에 5장 쓰면 1년에 완필

년 월 일

장 절 ~ 장 절

NO ____________

◈ 평일에 3장, 주일에 5장 쓰면 1년에 완필

년　　월　　일　　　　　　　　장　　절 ~ 장　　절

NO

◈ 평일에 3장, 주일에 5장 쓰면 1년에 완필

년 월 일

장 절 ~ 장 절

NO ________________

◈ 평일에 3장, 주일에 5장 쓰면 1년에 완필

년 월 일

장 절 ~ 장 절

NO ___________

◈ 평일에 3장, 주일에 5장 쓰면 1년에 완필

년 월 일

장 절 ~ 장 절

NO ______________

◈ 평일에 3장, 주일에 5장 쓰면 1년에 완필

년 월 일 장 절 ~ 장 절

NO

◈ 평일에 3장, 주일에 5장 쓰면 1년에 완필

년 월 일 장 절 ~ 장 절

NO ____________

◈ 평일에 3장, 주일에 5장 쓰면 1년에 완필

년 월 일

장 절 ~ 장 절

NO ____________

◈ 평일에 3장, 주일에 5장 쓰면 1년에 완필

년 월 일

장 절 ~ 장 절

NO ___________________

◈ 평일에 3장, 주일에 5장 쓰면 1년에 완필

년 월 일

장 절 ~ 장 절

NO ____________________

◈ 평일에 3장, 주일에 5장 쓰면 1년에 완필

년 월 일

장 절 ~ 장 절

NO ____________________

◈ 평일에 3장, 주일에 5장 쓰면 1년에 완필

년　　월　　일　　　　　　　　장　　절 ~ 장　　절

NO ___________________

◈ 평일에 3장, 주일에 5장 쓰면 1년에 완필

년 월 일 장 절 ~ 장 절

NO ____________

◈ 평일에 3장, 주일에 5장 쓰면 1년에 완필

년 월 일 장 절 ~ 장 절

NO

◈ 평일에 3장, 주일에 5장 쓰면 1년에 완필

년 월 일

장 절 ~ 장 절

NO ____________

◈ 평일에 3장, 주일에 5장 쓰면 1년에 완필

년 월 일

장 절 ~ 장 절

NO ____________

◈ 평일에 3장, 주일에 5장 쓰면 1년에 완필

년 월 일

장 절 ~ 장 절

NO ____________

◈ 평일에 3장, 주일에 5장 쓰면 1년에 완필

년 월 일

장 절 ~ 장 절

NO ______________

◈ 평일에 3장, 주일에 5장 쓰면 1년에 완필

년 월 일

장 절 ~ 장 절

NO ___________________

◈ 평일에 3장, 주일에 5장 쓰면 1년에 완필

년 월 일

장 절 ~ 장 절

NO

◈ 평일에 3장, 주일에 5장 쓰면 1년에 완필

년 월 일

장 절 ~ 장 절

NO ________

◈ 평일에 3장, 주일에 5장 쓰면 1년에 완필

년 월 일

장 절 ~ 장 절

NO

◈ 평일에 3장, 주일에 5장 쓰면 1년에 완필

년 월 일

장 절 ~ 장 절

NO

◈ 평일에 3장, 주일에 5장 쓰면 1년에 완필

년 월 일

장 절 ~ 장 절

NO

◈ 평일에 3장, 주일에 5장 쓰면 1년에 완필

년 월 일

장 절 ~ 장 절

NO ______________________

◈ 평일에 3장, 주일에 5장 쓰면 1년에 완필

년 월 일 장 절 ~ 장 절

NO ____________

◈ 평일에 3장, 주일에 5장 쓰면 1년에 완필

년 월 일

장 절 ~ 장 절

NO ____________

◈ 평일에 3장, 주일에 5장 쓰면 1년에 완필

년 월 일 장 절 ~ 장 절

NO

◈ 평일에 3장, 주일에 5장 쓰면 1년에 완필

년 월 일 장 절 ~ 장 절

NO ____________

◈평일에 3장, 주일에 5장 쓰면 1년에 완필

년　　월　　일　　　　　　　장　　절 ~ 장　　절

NO

◈ 평일에 3장, 주일에 5장 쓰면 1년에 완필

년 월 일

장 절 ~ 장 절

NO ____________

◈ 평일에 3장, 주일에 5장 쓰면 1년에 완필

년 월 일

장 절 ~ 장 절

NO

◈ 평일에 3장, 주일에 5장 쓰면 1년에 완필

년 월 일

장 절 ~ 장 절

NO

◈ 평일에 3장, 주일에 5장 쓰면 1년에 완필

년 월 일

장 절 ~ 장 절

NO

◈ 평일에 3장, 주일에 5장 쓰면 1년에 완필

년 월 일

장 절 ~ 장 절

NO ______________

◈ 평일에 3장, 주일에 5장 쓰면 1년에 완필

년 월 일

장 절 ~ 장 절

NO ______________

◈ 평일에 3장, 주일에 5장 쓰면 1년에 완필

년 월 일 장 절 ~ 장 절

NO ____________________

◈ 평일에 3장, 주일에 5장 쓰면 1년에 완필

년 월 일

장 절 ~ 장 절

NO

◈ 평일에 3장, 주일에 5장 쓰면 1년에 완필

년 월 일

장 절 ~ 장 절

NO ____________

◈ 평일에 3장, 주일에 5장 쓰면 1년에 완필

년 월 일

장 절 ~ 장 절

NO

◈ 평일에 3장, 주일에 5장 쓰면 1년에 완필

년 월 일 장 절 ~ 장 절

NO ____________

◈평일에 3장, 주일에 5장 쓰면 1년에 완필

년 월 일

장 절 ~ 장 절

NO ____________

◈ 평일에 3장, 주일에 5장 쓰면 1년에 완필

년 월 일 장 절 ~ 장 절

NO ______________

◈ 평일에 3장, 주일에 5장 쓰면 1년에 완필

년 월 일 장 절 ~ 장 절

NO ____________

◈ 평일에 3장, 주일에 5장 쓰면 1년에 완필

년 월 일 장 절 ~ 장 절

NO ________________

◈ 평일에 3장, 주일에 5장 쓰면 1년에 완필

년 월 일

장 절 ~ 장 절

NO ________________

◈ 평일에 3장, 주일에 5장 쓰면 1년에 완필

년 월 일

장 절 ~ 장 절

NO ____________

◈ 평일에 3장, 주일에 5장 쓰면 1년에 완필

년 월 일

장 절 ~ 장 절

NO ____________

◈ 평일에 3장, 주일에 5장 쓰면 1년에 완필

년　　월　　일

장　　절 ~　　장　　절

NO ____________

◈ 평일에 3장, 주일에 5장 쓰면 1년에 완필

년 월 일

장 절 ~ 장 절

NO ________________

◈ 평일에 3장, 주일에 5장 쓰면 1년에 완필

년 월 일

장 절 ~ 장 절

NO ____________

◈ 평일에 3장, 주일에 5장 쓰면 1년에 완필

년 월 일

장 절 ~ 장 절

NO

◈ 평일에 3장, 주일에 5장 쓰면 1년에 완필

년 월 일

장 절 ~ 장 절

NO

◈ 평일에 3장, 주일에 5장 쓰면 1년에 완필

년 월 일 장 절 ~ 장 절

NO

◈ 평일에 3장, 주일에 5장 쓰면 1년에 완필

년 월 일

장 절 ~ 장 절

NO ____________

◈ 평일에 3장, 주일에 5장 쓰면 1년에 완필

년 월 일

장 절 ~ 장 절

NO ______________

◈ 평일에 3장, 주일에 5장 쓰면 1년에 완필

년 월 일 장 절 ~ 장 절

NO

◈ 평일에 3장, 주일에 5장 쓰면 1년에 완필

년 월 일

장 절 ~ 장 절

NO

◈ 평일에 3장, 주일에 5장 쓰면 1년에 완필

년 월 일

장 절 ~ 장 절

NO

◈ 평일에 3장, 주일에 5장 쓰면 1년에 완필

년 월 일

장 절 ~ 장 절

NO ______

◈ 평일에 3장, 주일에 5장 쓰면 1년에 완필

년 월 일

장 절 ~ 장 절

NO ______________

◈ 평일에 3장, 주일에 5장 쓰면 1년에 완필

년 월 일

장 절 ~ 장 절

NO

◈ 평일에 3장, 주일에 5장 쓰면 1년에 완필

년 월 일

장 절 ~ 장 절

NO ____________________

◈ 평일에 3장, 주일에 5장 쓰면 1년에 완필

년 월 일 장 절 ~ 장 절

NO

◈ 평일에 3장, 주일에 5장 쓰면 1년에 완필

년 월 일

장 절 ~ 장 절

NO

◈ 평일에 3장, 주일에 5장 쓰면 1년에 완필

년 월 일 장 절 ~ 장 절

NO ________________

◈ 평일에 3장, 주일에 5장 쓰면 1년에 완필

년 월 일

장 절 ~ 장 절

NO

◈ 평일에 3장, 주일에 5장 쓰면 1년에 완필

년 월 일

장 절 ~ 장 절

NO ______________

◈ 평일에 3장, 주일에 5장 쓰면 1년에 완필

년 월 일

장 절 ~ 장 절

NO ____________

◈ 평일에 3장, 주일에 5장 쓰면 1년에 완필

년 월 일 장 절 ~ 장 절

NO ____________

◈ 평일에 3장, 주일에 5장 쓰면 1년에 완필

년 월 일

장 절 ~ 장 절

NO ______________

◈ 평일에 3장, 주일에 5장 쓰면 1년에 완필

년　　월　　일　　　　　　　　장　　절 ~　　장　　절

NO

◈ 평일에 3장, 주일에 5장 쓰면 1년에 완필

년 월 일

장 절 ~ 장 절

NO ______________

◈ 평일에 3장, 주일에 5장 쓰면 1년에 완필

년 월 일

장 절 ~ 장 절

NO ______________

◈ 평일에 3장, 주일에 5장 쓰면 1년에 완필

년 월 일

장 절 ~ 장 절

NO

◈ 평일에 3장, 주일에 5장 쓰면 1년에 완필

년 월 일

장 절 ~ 장 절

NO

◈ 평일에 3장, 주일에 5장 쓰면 1년에 완필

년 월 일

장 절 ~ 장 절

NO

◈ 평일에 3장, 주일에 5장 쓰면 1년에 완필

년 월 일

장 절 ~ 장 절

NO ______________

◈ 평일에 3장, 주일에 5장 쓰면 1년에 완필

년 월 일

장 절 ~ 장 절

NO ______________

◈ 평일에 3장, 주일에 5장 쓰면 1년에 완필

년 월 일

장 절 ~ 장 절

NO

◈ 평일에 3장, 주일에 5장 쓰면 1년에 완필

년 월 일

장 절 ~ 장 절

NO ______________

◈ 평일에 3장, 주일에 5장 쓰면 1년에 완필

년 월 일

장 절 ~ 장 절

NO ______________

◈ 평일에 3장, 주일에 5장 쓰면 1년에 완필

년 월 일

장 절 ~ 장 절

NO ____________________

◈ 평일에 3장, 주일에 5장 쓰면 1년에 완필

년　　월　　일　　　　　　장　　절 ~ 장　　절

NO ____________

◈ 평일에 3장, 주일에 5장 쓰면 1년에 완필

년 월 일 장 절 ~ 장 절

NO ________________

◈ 평일에 3장, 주일에 5장 쓰면 1년에 완필

년 월 일

장 절 ~ 장 절

NO ____________________

◈ 평일에 3장, 주일에 5장 쓰면 1년에 완필

년 월 일

장 절 ~ 장 절

NO

◈ 평일에 3장, 주일에 5장 쓰면 1년에 완필

년 월 일

장 절 ~ 장 절

NO ________________

◈ 평일에 3장, 주일에 5장 쓰면 1년에 완필

년 월 일

장 절 ~ 장 절

NO ______________

◈ 평일에 3장, 주일에 5장 쓰면 1년에 완필

년 월 일

장 절 ~ 장 절

NO ______________

◈ 평일에 3장, 주일에 5장 쓰면 1년에 완필

년 월 일

장 절 ~ 장 절

NO ____________

◈ 평일에 3장, 주일에 5장 쓰면 1년에 완필

년 월 일 장 절 ~ 장 절

NO ______________

◈ 평일에 3장, 주일에 5장 쓰면 1년에 완필

년 월 일

장 절 ~ 장 절

NO ____________

◈ 평일에 3장, 주일에 5장 쓰면 1년에 완필

년 월 일

장 절 ~ 장 절

NO ____________________

◈평일에 3장, 주일에 5장 쓰면 1년에 완필

년 월 일

장 절 ~ 장 절

NO ____________

◈ 평일에 3장, 주일에 5장 쓰면 1년에 완필

년 월 일

장 절 ~ 장 절

NO ____________

◈ 평일에 3장, 주일에 5장 쓰면 1년에 완필

년 월 일

장 절 ~ 장 절

NO ________________

◈ 평일에 3장, 주일에 5장 쓰면 1년에 완필

년 월 일 장 절 ~ 장 절

NO

◈ 평일에 3장, 주일에 5장 쓰면 1년에 완필

년 월 일

장 절 ~ 장 절

NO ____________

◈ 평일에 3장, 주일에 5장 쓰면 1년에 완필

년 월 일

장 절 ~ 장 절

NO

◈ 평일에 3장, 주일에 5장 쓰면 1년에 완필

년 월 일

장 절 ~ 장 절

NO ______________

◈ 평일에 3장, 주일에 5장 쓰면 1년에 완필

년 월 일

장 절 ~ 장 절

NO

◈ 평일에 3장, 주일에 5장 쓰면 1년에 완필

년 월 일

장 절 ~ 장 절

NO ___________________

◈ 평일에 3장, 주일에 5장 쓰면 1년에 완필

년 월 일

장 절 ~ 장 절

NO

◈ 평일에 3장, 주일에 5장 쓰면 1년에 완필

년 월 일

장 절 ~ 장 절

NO ____________

◈ 평일에 3장, 주일에 5장 쓰면 1년에 완필

년 월 일

장 절 ~ 장 절

NO ______________

◈ 평일에 3장, 주일에 5장 쓰면 1년에 완필

년 월 일

장 절 ~ 장 절

NO ______________

◈ 평일에 3장, 주일에 5장 쓰면 1년에 완필

년 월 일 장 절 ~ 장 절

NO

◈ 평일에 3장, 주일에 5장 쓰면 1년에 완필

년 월 일

장 절 ~ 장 절

NO ____________________

◈ 평일에 3장, 주일에 5장 쓰면 1년에 완필

년 월 일

장 절 ~ 장 절

NO

◈ 평일에 3장, 주일에 5장 쓰면 1년에 완필

년 월 일

장 절 ~ 장 절

NO

◈ 평일에 3장, 주일에 5장 쓰면 1년에 완필

년 월 일

장 절 ~ 장 절

NO

◈ 평일에 3장, 주일에 5장 쓰면 1년에 완필

년 월 일

장 절 ~ 장 절

NO ________________

◈ 평일에 3장, 주일에 5장 쓰면 1년에 완필

년 월 일

장 절 ~ 장 절

NO ______________

◈ 평일에 3장, 주일에 5장 쓰면 1년에 완필

년　　월　　일　　　　　　　　장　　절 ~ 　장　　절

NO

◈ 평일에 3장, 주일에 5장 쓰면 1년에 완필

년 월 일 장 절 ~ 장 절

NO

◈ 평일에 3장, 주일에 5장 쓰면 1년에 완필

년 월 일

장 절 ~ 장 절

NO

◈ 평일에 3장, 주일에 5장 쓰면 1년에 완필

년 월 일

장 절 ~ 장 절

NO

◈ 평일에 3장, 주일에 5장 쓰면 1년에 완필

년 월 일

장 절 ~ 장 절

NO ______________

◈ 평일에 3장, 주일에 5장 쓰면 1년에 완필

년 월 일 장 절 ~ 장 절

NO ____________

◈ 평일에 3장, 주일에 5장 쓰면 1년에 완필

년 월 일

장 절 ~ 장 절

NO ____________

◈ 평일에 3장, 주일에 5장 쓰면 1년에 완필

년 월 일

장 절 ~ 장 절

NO ________________

◈ 평일에 3장, 주일에 5장 쓰면 1년에 완필

년 월 일

장 절 ~ 장 절

NO

◈ 평일에 3장, 주일에 5장 쓰면 1년에 완필

년 월 일

장 절 ~ 장 절

NO ____________

◈ 평일에 3장, 주일에 5장 쓰면 1년에 완필

년 월 일

장 절 ~ 장 절

NO ____________________

◈ 평일에 3장, 주일에 5장 쓰면 1년에 완필

년 월 일

장 절 ~ 장 절

NO ______________

◈ 평일에 3장, 주일에 5장 쓰면 1년에 완필

년 월 일

장 절 ~ 장 절

NO ____________

◆ 평일에 3장, 주일에 5장 쓰면 1년에 완필

년 월 일

장 절 ~ 장 절

NO ___________

◈ 평일에 3장, 주일에 5장 쓰면 1년에 완필

년 월 일 장 절 ~ 장 절

NO

◈ 평일에 3장, 주일에 5장 쓰면 1년에 완필

년 월 일 장 절 ~ 장 절

NO ____________

◈ 평일에 3장, 주일에 5장 쓰면 1년에 완필

년 월 일

장 절 ~ 장 절

NO ______________

◈ 평일에 3장, 주일에 5장 쓰면 1년에 완필

년 월 일

장 절 ~ 장 절

NO

◈ 평일에 3장, 주일에 5장 쓰면 1년에 완필

년 월 일

장 절 ~ 장 절

NO ____________________

◈ 평일에 3장, 주일에 5장 쓰면 1년에 완필

년 월 일 장 절 ~ 장 절

NO

◈ 평일에 3장, 주일에 5장 쓰면 1년에 완필

년 월 일 장 절 ~ 장 절

NO ____________

◈ 평일에 3장, 주일에 5장 쓰면 1년에 완필

년 월 일

장 절 ~ 장 절

NO

◈ 평일에 3장, 주일에 5장 쓰면 1년에 완필

년 월 일

장 절 ~ 장 절

NO ____________

◈ 평일에 3장, 주일에 5장 쓰면 1년에 완필

년 월 일

장 절 ~ 장 절

NO

◈ 평일에 3장, 주일에 5장 쓰면 1년에 완필

년 월 일 장 절 ~ 장 절

NO ____________________

◈ 평일에 3장, 주일에 5장 쓰면 1년에 완필

년 월 일 장 절 ~ 장 절

NO ____________

◈ 평일에 3장, 주일에 5장 쓰면 1년에 완필

년 월 일

장 절 ~ 장 절

NO ________________

◈평일에 3장, 주일에 5장 쓰면 1년에 완필

년　　월　　일　　　　　　　　　　장　　절 ~ 　장　　절

NO ____________

◈ 평일에 3장, 주일에 5장 쓰면 1년에 완필

년 월 일

장 절 ~ 장 절

NO ____________

◈ 평일에 3장, 주일에 5장 쓰면 1년에 완필

년 월 일

장 절 ~ 장 절

NO

◈ 평일에 3장, 주일에 5장 쓰면 1년에 완필

년 월 일 장 절 ~ 장 절

NO

◈ 평일에 3장, 주일에 5장 쓰면 1년에 완필

년 월 일 장 절 ~ 장 절

NO ______________

◈ 평일에 3장, 주일에 5장 쓰면 1년에 완필

년 월 일

장 절 ~ 장 절

NO ___________________

◈ 평일에 3장, 주일에 5장 쓰면 1년에 완필

년 월 일

장 절 ~ 장 절

NO

◈ 평일에 3장, 주일에 5장 쓰면 1년에 완필

년 월 일

장 절 ~ 장 절

NO ______________

◈ 평일에 3장, 주일에 5장 쓰면 1년에 완필

년 월 일

장 절 ~ 장 절

NO ____________

◈ 평일에 3장, 주일에 5장 쓰면 1년에 완필

년 월 일

장 절 ~ 장 절

NO ____________

◈ 평일에 3장, 주일에 5장 쓰면 1년에 완필

년 월 일

장 절 ~ 장 절

NO

◈ 평일에 3장, 주일에 5장 쓰면 1년에 완필

년 월 일

장 절 ~ 장 절

NO

◈ 평일에 3장, 주일에 5장 쓰면 1년에 완필

년 월 일

장 절 ~ 장 절

NO ______________

◈ 평일에 3장, 주일에 5장 쓰면 1년에 완필

년 월 일 장 절 ~ 장 절

NO

◈ 평일에 3장, 주일에 5장 쓰면 1년에 완필

년 월 일

장 절 ~ 장 절

NO

◈ 평일에 3장, 주일에 5장 쓰면 1년에 완필

년 월 일

장 절 ~ 장 절

NO ____________

◈ 평일에 3장, 주일에 5장 쓰면 1년에 완필

년 월 일 장 절 ~ 장 절

NO

◈ 평일에 3장, 주일에 5장 쓰면 1년에 완필

년 월 일

장 절 ~ 장 절

NO ______________

◈ 평일에 3장, 주일에 5장 쓰면 1년에 완필

년 월 일

장 절 ~ 장 절

NO ____________________

◈ 평일에 3장, 주일에 5장 쓰면 1년에 완필

년 월 일

장 절 ~ 장 절

NO

◈ 평일에 3장, 주일에 5장 쓰면 1년에 완필

년 월 일

장 절 ~ 장 절

NO

◈ 평일에 3장, 주일에 5장 쓰면 1년에 완필

년 월 일

장 절 ~ 장 절

NO

◈ 평일에 3장, 주일에 5장 쓰면 1년에 완필

년　　월　　일　　　　장　　절 ~ 　장　　절

NO ______________

◈ 평일에 3장, 주일에 5장 쓰면 1년에 완필

년 월 일

장 절 ~ 장 절

NO ________________

◈ 평일에 3장, 주일에 5장 쓰면 1년에 완필

년 월 일

장 절 ~ 장 절

NO ____________

◈ 평일에 3장, 주일에 5장 쓰면 1년에 완필

년 월 일 장 절 ~ 장 절

NO ____________

◈ 평일에 3장, 주일에 5장 쓰면 1년에 완필

년 월 일

장 절 ~ 장 절

NO ______________

◈ 평일에 3장, 주일에 5장 쓰면 1년에 완필

년 월 일

장 절 ~ 장 절

NO ________________

◈ 평일에 3장, 주일에 5장 쓰면 1년에 완필

년 월 일

장 절 ~ 장 절

NO

◈ 평일에 3장, 주일에 5장 쓰면 1년에 완필

년 월 일

장 절 ~ 장 절

NO ____________________

◈ 평일에 3장, 주일에 5장 쓰면 1년에 완필

년　　월　　일　　　　　　　　　　장　　절 ~ 장　　절

NO

◈ 평일에 3장, 주일에 5장 쓰면 1년에 완필

년 월 일 장 절 ~ 장 절

NO

◈ 평일에 3장, 주일에 5장 쓰면 1년에 완필

년 월 일

장 절 ~ 장 절

NO ______________

◈ 평일에 3장, 주일에 5장 쓰면 1년에 완필

년 월 일

장 절 ~ 장 절

NO ____________

◈ 평일에 3장, 주일에 5장 쓰면 1년에 완필

년 월 일

장 절 ~ 장 절

NO ______________

◈ 평일에 3장, 주일에 5장 쓰면 1년에 완필

년 월 일

장 절 ~ 장 절

NO

◈ 평일에 3장, 주일에 5장 쓰면 1년에 완필

년 월 일 장 절 ~ 장 절

NO

◈ 평일에 3장, 주일에 5장 쓰면 1년에 완필

년 월 일

장 절 ~ 장 절

NO

◈ 평일에 3장, 주일에 5장 쓰면 1년에 완필

년 월 일

장 절 ~ 장 절

NO ____________

◈ 평일에 3장, 주일에 5장 쓰면 1년에 완필

년 월 일

장 절 ~ 장 절

NO ____________________

◈ 평일에 3장, 주일에 5장 쓰면 1년에 완필

년 월 일　　　　　　　　장 절 ~ 장 절

NO ________________

◈ 평일에 3장, 주일에 5장 쓰면 1년에 완필

년 월 일

장 절 ~ 장 절

NO ____________________

◈ 평일에 3장, 주일에 5장 쓰면 1년에 완필

년 월 일

장 절 ~ 장 절

NO ____________

◈ 평일에 3장, 주일에 5장 쓰면 1년에 완필

년 월 일

장 절 ~ 장 절

NO ___________

◈ 평일에 3장, 주일에 5장 쓰면 1년에 완필

년 월 일

장 절 ~ 장 절

NO

◈ 평일에 3장, 주일에 5장 쓰면 1년에 완필

년 월 일

장 절 ~ 장 절

NO ____________

◈ 평일에 3장, 주일에 5장 쓰면 1년에 완필

년 월 일

장 절 ~ 장 절

NO

◈ 평일에 3장, 주일에 5장 쓰면 1년에 완필

년 월 일

장 절 ~ 장 절

NO ____________

◈ 평일에 3장, 주일에 5장 쓰면 1년에 완필

년 월 일

장 절 ~ 장 절

NO ____________

◈ 평일에 3장, 주일에 5장 쓰면 1년에 완필

년 월 일

장 절 ~ 장 절

NO ____________________

◈ 평일에 3장, 주일에 5장 쓰면 1년에 완필

년 월 일

장 절 ~ 장 절

NO ____________

◈ 평일에 3장, 주일에 5장 쓰면 1년에 완필

년 월 일

장 절 ~ 장 절

NO ____________________

◈ 평일에 3장, 주일에 5장 쓰면 1년에 완필

년 월 일

장 절 ~ 장 절

NO

◈ 평일에 3장, 주일에 5장 쓰면 1년에 완필

년 월 일

장 절 ~ 장 절

NO ______________

◈ 평일에 3장, 주일에 5장 쓰면 1년에 완필

년 월 일 장 절 ~ 장 절

NO

◈ 평일에 3장, 주일에 5장 쓰면 1년에 완필

년 월 일

장 절 ~ 장 절

NO ____________

◈ 평일에 3장, 주일에 5장 쓰면 1년에 완필

년 월 일

장 절 ~ 장 절

NO ________________

◈ 평일에 3장, 주일에 5장 쓰면 1년에 완필

년 월 일

장 절 ~ 장 절

NO

◈ 평일에 3장, 주일에 5장 쓰면 1년에 완필

년 월 일

장 절 ~ 장 절

NO ______

◈ 평일에 3장, 주일에 5장 쓰면 1년에 완필

년 월 일 장 절 ~ 장 절

NO ______________

◈ 평일에 3장, 주일에 5장 쓰면 1년에 완필

년 월 일

장 절 ~ 장 절

NO

◈ 평일에 3장, 주일에 5장 쓰면 1년에 완필

년 월 일

장 절 ~ 장 절

NO ____________

◈ 평일에 3장, 주일에 5장 쓰면 1년에 완필

년 월 일

장 절 ~ 장 절

NO ________________

◈ 평일에 3장, 주일에 5장 쓰면 1년에 완필

년 월 일

장 절 ~ 장 절

NO ____________

◈ 평일에 3장, 주일에 5장 쓰면 1년에 완필

년 월 일　　　　장 절 ~ 장 절

NO ____________

◈ 평일에 3장, 주일에 5장 쓰면 1년에 완필

년 월 일

장 절 ~ 장 절

NO ____________

◈ 평일에 3장, 주일에 5장 쓰면 1년에 완필

년 월 일

장 절 ~ 장 절

NO

◈ 평일에 3장, 주일에 5장 쓰면 1년에 완필

년 월 일

장 절 ~ 장 절

NO ____________

◈ 평일에 3장, 주일에 5장 쓰면 1년에 완필

년 월 일

장 절 ~ 장 절

NO ____________

◈ 평일에 3장, 주일에 5장 쓰면 1년에 완필

년 월 일

장 절 ~ 장 절

NO ____________________

◈ 평일에 3장, 주일에 5장 쓰면 1년에 완필

년 월 일 장 절 ~ 장 절

NO

◈ 평일에 3장, 주일에 5장 쓰면 1년에 완필

년 월 일

장 절 ~ 장 절

NO

◈ 평일에 3장, 주일에 5장 쓰면 1년에 완필

년 월 일

장 절 ~ 장 절

NO

◆ 평일에 3장, 주일에 5장 쓰면 1년에 완필

년 월 일

장 절 ~ 장 절

NO

◈ 평일에 3장, 주일에 5장 쓰면 1년에 완필

년 월 일

장 절 ~ 장 절

NO

◈ 평일에 3장, 주일에 5장 쓰면 1년에 완필

년 월 일 장 절 ~ 장 절

NO ___________

◈ 평일에 3장, 주일에 5장 쓰면 1년에 완필

년 월 일

장 절 ~ 장 절

NO ____________

◈ 평일에 3장, 주일에 5장 쓰면 1년에 완필

년 월 일

장 절 ~ 장 절

NO

◈ 평일에 3장, 주일에 5장 쓰면 1년에 완필

년 월 일

장 절 ~ 장 절

NO ___________

◈ 평일에 3장, 주일에 5장 쓰면 1년에 완필

년 월 일

장 절 ~ 장 절

NO ________________

◈ 평일에 3장, 주일에 5장 쓰면 1년에 완필

년 월 일 장 절 ~ 장 절

NO

◈ 평일에 3장, 주일에 5장 쓰면 1년에 완필

년 월 일

장 절 ~ 장 절

NO ____________

◈ 평일에 3장, 주일에 5장 쓰면 1년에 완필

년 월 일

장 절 ~ 장 절

NO ___________

◈ 평일에 3장, 주일에 5장 쓰면 1년에 완필

년 월 일 장 절 ~ 장 절

NO

◈ 평일에 3장, 주일에 5장 쓰면 1년에 완필

년 월 일

장 절 ~ 장 절

NO ______________

◈ 평일에 3장, 주일에 5장 쓰면 1년에 완필

년 월 일

장 절 ~ 장 절

NO

◈ 평일에 3장, 주일에 5장 쓰면 1년에 완필

년 월 일

장 절 ~ 장 절

NO ____________

◈ 평일에 3장, 주일에 5장 쓰면 1년에 완필

년 월 일

장 절 ~ 장 절

NO ____________________

◆ 평일에 3장, 주일에 5장 쓰면 1년에 완필

년 월 일

장 절 ~ 장 절

NO

◈ 평일에 3장, 주일에 5장 쓰면 1년에 완필

년 월 일

장 절 ~ 장 절